MW01623827

Where Is My Daddy NOW?

A Visit to the Cemetery

¿En dónde está mi papi ahora?
Una visita al cementerio

Written by
Marcia and Phil LaBossiere
Por Marcia y Phil LaBossiere

Illustrations by
Doina Cociuba-Terrano
Ilustraciones por Doina Cociuba-Terrano

Book Publishers Network
P. O. Box 2256
Bothell, WA 98041
425-483-3040
www.bookpublishersnetwork.com

Copyright 2017 © Marcia and Phil LaBossiere
Illustrations by Doina Cociuba-Terrano

A percentage of the proceeds from the sale of this book will go toward counseling and or treatment for children suffering with PTSD.

Un porcentaje proveniente de las ventas de este libro se destinará a terapias y tratamientos para niños que sufren de trastorno de estrés postraumático (TEPT).

All rights reserved. No part of this book may be reproduced, stored in, or introduced into a retrieval system, or transmitted in any form or by any means (electronic, mechanical, photocopying, recording, or otherwise) without the prior written permission of the publisher. Printed in the U.S.A.

10 9 8 7 6 5 4 3 2 1

ISBN 978-1-945271-34-2
LCCN 2017930860

Dedication

April 13, 1983 - November 1, 2009

13 de abril de 1983-1º de noviembre de 2009

This book is dedicated to our granddaughter and her daddy, our son, John M. LaBossiere.

Este libro está dedicado a nuestra nieta y a su papi, nuestro hijo, John M. LaBossiere.

FORWARD

It is with honor and respect that I introduce this book on childhood PTSD related to military tragedies.

I have been a family therapist for almost forty years and have been privileged to share in the healing process of both military personnel themselves and family members of military personnel.

The multi-dimensional trauma of military-related PTSD is beginning to come to light for understanding, compassion, and healing. It is a slow process that has been impeded by reluctance to see and define the trauma in the first place and a slow-to-develop process of recognizing the extent of the trauma and how to treat both the military individuals themselves and the family members who love them. One of the least understood and most frequently neglected aspects in this identification and healing process is the impact on children who are affected and in turn have their own PTSD reaction.

As Marcia and Phil opened themselves up to the need and depth of their own healing from the tragic loss of their son John M. LaBossiere, they expanded their recognition of trauma and the need for healing with their grandchildren.

This beautiful story—written from the eyes of their granddaughter Marylou—is a precious gift to the world, to other service families, and in particular to other children so profoundly affected by the tragedy and loss of a beloved family member. It is a precious gift to the healing process of PTSD in children. Thank you for this gift, Marcia and Phil.

— Linda R. Ayers, MN ARNP BC, Psychiatric Nurse Practitioner, Family Therapist

PRÓLOGO

Es con honor y respeto que presento este libro sobre el trastorno de estrés postraumático infantil relacionado con tragedias militares.

He sido terapista familiar por casi cuarenta años y he tenido el privilegio de formar parte del proceso de sanación tanto del personal militar como del de sus familiares.

Las múltiples dimensiones del trauma del trastorno de estrés postraumático (TEPT) relacionado con el servicio militar están empezando a salir a la luz, buscando comprensión, compasión y sanación. Se trata de un proceso, lento por naturaleza, que ha sido obstaculizado por la renuencia a ver y definir el trauma. También se ha tardado en reconocer la amplitud del trauma y entender cómo tratar a los miembros de las fuerzas militares y a los familiares que los aman. Uno de los aspectos menos comprendidos y mayormente ignorados dentro de este proceso de identificación y sanación es cómo los niños se ven afectados y desarrollan síntomas de TEPT.

A medida que Marcia y Phil se abrieron a su profunda necesidad de sanación ante la trágica pérdida de su hijo, John M. LaBossiere, expandieron su propio reconocimiento del trauma y la urgencia de sanar junto a sus nietos.

Esta hermosa historia, escrita desde la perspectiva de su nieta, Marylou, es un regalo valioso para el mundo, para otras familias en el servicio militar, y en particular para otros niños que han sido tan intensamente afectados por la tragedia y la pérdida de un familiar querido. Es un regalo precioso para el proceso de sanación de los niños afectados por el TEPT. Marcia y Phil, gracias por este regalo.

— Linda R. Ayers, Maestría en Enfermería, Enfermera Especializada Titulada y Certificada
Enfermera psiquiátrica, terapista familiar

ACKNOWLEDGEMENTS

First, I would like to thank all the men and women who have served in the US military over the generations to protect our freedoms in the United States. For those who have suffered and died and for those who suffer with debilitating memories—a.k.a. PTSD (post-traumatic stress disorder), shell shock, or whatever name it goes by, the effect is the same—the cost is high and sometimes lasts for generations.

I want to thank the many friends, neighbors, and acquaintances who have encouraged me to share this story as it would benefit many and increase awareness for this sometimes-debilitating issue that is often misunderstood.

Special thanks to Doina Cociuba Terrano for her heartfelt illustrations throughout this book, which help bring this story alive. Also thanks to Gabriela De Castro for translating the text into Spanish making this message available to more people who might otherwise suffer alone. And thank you to Sheryn Hara of Book Publishers Network for guiding me through this process step by step and connecting me with those who could make this project a reality.

RECONOCIMIENTOS

Agradecemos a todos los hombres y mujeres que han prestado servicio en las fuerzas armadas de los Estados Unidos por generaciones y de esa manera han protegido nuestras libertades en el país. Para aquellos que han sufrido y muerto, y para aquellos que sufren de recuerdos debilitantes, también conocido como trastorno de estrés postraumático (TEPT) o neurosis de guerra, independientemente de cómo le llamemos, el efecto es el mismo: el costo es alto y dura por generaciones.

Quiero agradecer a los muchos amigos, vecinos y conocidos que me han alentado a contar esta historia ya que ésta es capaz de beneficiar a muchos y de crear conciencia sobre este tema, el cual es a veces agotador y con frecuencia malentendido.

Introduction

This little girl's daddy was deployed to Iraq twice with the United States Marine Corps and once with the Army National Guard during the Iraq War. He suffered from PTSD but refused to get help because he thought asking for help showed weakness. As he saw his marriage failing and his life spinning out of control, he finally decided to call the VA for help, but the wait list was six weeks long. When asked if it was an emergency, he said no. It was hard for him to make that call in the first place; he couldn't admit that he was that desperate too.

This story is all-too common. The statistics show that we have lost more servicemen and servicewomen on our own soil after returning stateside than in combat.

The purpose in writing this story is to bring awareness to untreated PTSD, to show the heart of this little girl, and to show that there is hope for our future.

My prayer is that the needed medical interventions get the proper funding to serve those who have served us of their own free will. I would like to see more treatment available to children suffering from PTSD, whether it is military related or not. The children are the forgotten victims in this war. They need help when they face the traumas of today. They have seen and experienced more than previous generations of children are equipped for—house fires, vicious dog attacks, school shootings, violence in the streets, sexual exploitation, drugs, and abuse that often causes death.

I want people to understand that PTSD is not just a military issue and that not all who experience trauma will have PTSD. But if they do have PTSD, it often does not go away without the help of a trained counselor.

This book is especially recommended for reading to a child who has experienced the loss of a loved one. An older child may read the book alone but may have questions for an adult. Reading and discussing the subject can open the door to questions or concerns a child of any age needs answers to.

Untreated PTSD gets only worse with time, not better.

Introducción

El papi de esta pequeña fue enviado a Irak en dos ocasiones con el Cuerpo de Infantería de la Marina de los Estados Unidos y en otra con la Guardia Nacional del Ejército durante la guerra contra dicho país. Él sufría de TEPT pero se rehusaba a buscar ayuda porque, a su parecer, pedir ayuda significaba ser débil. Al ver su matrimonio en peligro y sentir que perdía el control de su vida, finalmente decidió llamar a la Administración de Veteranos para pedir ayuda; sin embargo, había una lista de espera de seis semanas. Cuando le preguntaron si era una emergencia, él respondió que no lo era. Para él, el solo hacer esa llamada fue difícil; era inimaginable admitir también que se sentía desesperado.

Esta historia es demasiado común. Las estadísticas revelan que hemos perdido más combatientes después de su regreso a nuestra propia tierra que en los campos de batallas en el exterior.

El propósito de esta historia es crear conciencia sobre el trastorno de estrés postraumático que no es tratado, exponer el corazón de esta pequeña, y mostrar que hay esperanzas para el futuro.

Mi deseo es que se asignen los fondos adecuados para las intervenciones médicas necesarias y así servir a aquellos que nos han servido por voluntad propia. Me gustaría ver un mayor número de tratamientos disponibles para los niños afectados por el TEPT, independientemente de que éste sea generado por experiencias de índole militar. Los niños son las víctimas olvidadas de esta guerra. Ellos necesitan ayuda al enfrentar los traumas de la actualidad. Han visto y experimentado más de lo que niños de generaciones pasadas han tenido que vivir y no están preparados para ello: incendios en el hogar, agresivos ataques de perros, la violencia en las calles, la explotación sexual, la droga y el maltrato que a veces termina en la muerte.

Deseo que la gente entienda que el TEPT no es sólo un problema del ámbito militar y que no todo el que pase por una experiencia traumática desarrollará el TEPT. Pero, si termina desarrollándolo, con frecuencia éste no desaparece sin la ayuda de un consejero capacitado.

Recomiendo especialmente que se lea este libro a un niño que haya experimentado la pérdida de un ser querido. Un niño mayor puede leer el libro solo pero quizás tenga inquietudes que sólo un adulto pueda responder. El leer y conversar sobre el tema puede permitir que un niño de cualquier edad exprese las preguntas para las cuales busca respuestas.

Con el tiempo, el trastorno de estrés postraumático sin tratar sólo empeora, no mejora.

My name is Marylou. I just turned five years old. My daddy was a soldier. He was my hero. I love him so much.

Me llamo Marylou. Acabo de cumplir 5 años. Mi papi era un soldado. Era mi héroe. Lo amo mucho.

When Daddy came home from the war, he was different. He didn't look happy. He yelled a lot and scared me sometimes.

Cuando mi papi regresó a casa de la guerra, había cambiado. No se veía contento. Gritaba mucho y a veces me daba miedo.

One day, the police came, and I heard a loud sound. They said my daddy was dead.

Un día vino la policía y yo oí un ruido fuerte. Ellos dijeron que mi papi estaba muerto.

La Bossiere -
POLICE
POLICE
POLICE

My daddy was my hero. He played with me. He said prayers with me and read me stories with funny voices. He was funny.

Mi papi era mi héroe. Él jugaba conmigo. Él rezaba conmigo y me leía cuentos con voces graciosas. Él era gracioso.

We carved pumpkins together and then went trick-or-treating. He took me to Build-a-Bear, and we went fishing together.

Tallábamos calabazas juntos y salíamos a recoger dulces. Me llevó a una tienda para hacer un oso de peluche e íbamos juntos a pescar.

BUILD a BEAR

Daddy is still my hero, but now he's dead.

Daddy's friends were all dressed up carrying a big box with a flag on top. Some soldiers marched past us with guns on their shoulders.

Mi papi sigue siendo mi héroe, pero ahora está muerto.

Los amigos de mi papi estaban todos bien vestidos y llevaban una caja grande cubierta con una bandera. Algunos soldados nos pasaron por un lado mientras marchaban con armas en los hombros.

My mom was crying. They took the flag off the box and folded it up and gave it to my mom.

Mi mamá estaba llorando. Le quitaron la bandera a la caja, la doblaron y se la dieron a mi mamá.

We went to the cemetery on Memorial Day. Grandma and Papa took me to Tahoma National Cemetery in Maple Valley, Washington. They call it "the place where heroes rest."

Fuimos al cementerio el Día de Conmemoración de los Caídos. Mi abuela y mi abuelito me llevaron al Cementerio Nacional de Tahoma en Maple Valley, Washington. Le llaman "el lugar donde descansan los héroes."

TAHOMA
NATIONAL CEMETERY

The grass was green where the gray stones were all lined up in a row. They had flags marking each hero's grave. It was beautiful.

La grama era verde en donde estaban todas las piedras grises en fila. Tenían banderas marcando la tumba de cada héroe. Era hermoso.

I can't wait to be with my daddy and talk to him. I wrote him a note. Grandma said I could do whatever I wanted at the cemetery. It was my special time with Daddy. I sat on the ground next to the gray stone with Daddy's name on it. I talked to him for a while. I told him how much I had grown. I told him I had lost two teeth and I could read now. I told him I was sorry and that I missed him sooo much.

Estoy ansiosa de ver a mi papi y hablar con él. Le escribí un mensaje. Mi abuela me dijo que yo podía hacer lo que quisiera en el cementerio. Este era mi momento especial con mi papi. Me senté en el suelo al lado de la piedra gris que tenía el nombre de mi papi. Hablé con él un rato. Le conté lo mucho que había crecido. Le dije que había perdido dos dientes y que ahora podía leer. Le dije que lo sentía y que lo extrañaba muchísimo.

I kissed the top of the stone and then ran off to play in my daddy's front yard.

Besé la parte de arriba de la piedra y luego salí corriendo para jugar en el patio de mi papi.

JOH
LA BOS
CPL
SP4 US ARM

I ran up and down the hills as if I was flying with him because I think he is an angel now.

Subí y bajé las colinas corriendo, como si volara con él porque yo creo que él ahora es un ángel.

Then I stopped to ask Papa this question. “Where is my daddy?” I knew he was in heaven, but how could that be if he was here in the ground? “Is he an angel?” I asked.

Papa said, “No, people don’t become angels.” We sat on the hill overlooking where my daddy’s body is buried while Papa told me a story.

Entonces paré para hacerle una pregunta a mi abuelito. “¿En dónde está mi papi?” Yo sabía que estaba en el cielo, pero ¿cómo podía eso ser posible si estaba aquí, bajo la tierra? “¿Es un ángel?” Pregunté.

Mi abuelito dijo, “No, las personas no se convierten en ángeles”. Nos sentamos en la colina viendo hacia donde el cuerpo de mi papi está enterrado y mi abuelito me contó un cuento.

He said when my daddy was about my age (I am seven now), he asked to be baptized because he had Jesus in his heart. When we do this, we have the honor and privilege of living with Jesus forever in heaven when we die. But our bodies have to stay here on Earth, and our spirit goes to heaven.

Me dijo que cuando mi papi tenía más o menos mi edad (ahora tengo 7 años), él pidió que lo bautizaran porque tenía a Jesús en su corazón. Cuando hacemos esto, tenemos el honor y el privilegio de vivir con Jesús por siempre en el cielo cuando morimos. Pero nuestros cuerpos tienen que quedarse aquí en la tierra y nuestro espíritu sube al cielo.

I didn't understand. "What is a spirit?" I asked Papa. "Do I have a spirit? What is going to happen to me? Will I ever see my daddy again?"

Yo no entendía. "¿Qué es un espíritu?", le pregunté a mi abuelito. "¿Tengo yo un espíritu? ¿Qué va a pasar conmigo? ¿Veré a mi papi otra vez?"

Papa explained it another way. He said, "Think of a Christmas present–a nice box all wrapped up with a bow on top. We all love presents, but we really want what is inside the box. It is the same with people; the body is just a place for the spirit to live for a while. When it is time to lay our body to rest forever, our spirit lives on. As long as we love Jesus, our spirit will live with him forever in heaven."

Mi abuelito me lo explicó de otra manera. Él me dijo, "Imagínate un regalo de navidad, una caja envuelta con un hermoso papel y un lazo encima. A todos nos encantan los regalos pero lo que queremos es lo que está dentro de la caja. Es igual con las personas; el cuerpo es sólo un lugar en donde el espíritu vive por un tiempo. Cuando llega en momento de que nuestro cuerpo descanse por siempre, nuestro espíritu continúa viviendo. Siempre y cuando amemos a Jesús, nuestro espíritu vivirá con él por siempre en el cielo."

"So I really will get to see my daddy again someday!" I screamed with delight.

"¡Entonces algún día veré a mi papi otra vez!" grité con emoción.

My daddy lives where most have never been. He lives in heaven.

Mi papi vive en un lugar en donde la mayoría de las personas no han estado. Él vive en el cielo.

I miss my daddy so much. I miss him every day. It hurts so bad when I can only visit him at the cemetery.

Yo extraño mucho a mi papi. Lo extraño todos los días. Duele mucho cuando sólo lo puedo visitar en el cementerio.

Dear Dad,

Note to Parents

PTSD Definition

PTSD, or post-traumatic stress disorder, is a mental and emotional condition that usually begins with some kind of physical or mental trauma that one is unable to move on from. Many people experienced PTSD when 9/11 happened. Anxiety ran high, and we were powerless to change what took place.

PTSD Symptoms

Constantly thinking about the event

Dreams or nightmares, unable to fall asleep or stay asleep

Physical distress, stomach upset, headaches

Feelings of intense pain or total numbness

Emotional outbursts, feeling angry

Avoiding certain places or people

Feeling detached, abandoned, or estranged

Decreased interest in activities you once enjoyed

Inability to focus or remember details

Being hyper-vigilant and intense

Fear of being alone.

Please seek medical help if you have one of more of these symptoms.

Mensaje para los padres

Definición de trastorno de estrés postraumático (TEPT)

El trastorno de estrés postraumático, o TEPT, es un desorden mental y emocional que es usualmente generado por algún tipo de trauma físico o mental que el individuo no es capaz de superar. Un gran número de personas experimentaron el TEPT después de los sucesos del 9 de septiembre. Además de la intensa ansiedad generada por este evento, nos sentíamos impotentes ante la realidad de no poder cambiar lo sucedido.

Síntomas del TEPT

Pensar constantemente sobre el suceso

Sueños o pesadillas, no poder dormirse o permanecer dormido

Malestar físico, problemas estomacales, dolores de cabeza

Sensaciones de dolor intenso o adormecimiento total

Estallidos emocionales, sentimientos de rabia

Evitar ciertos lugares o personas

Sentimiento de desapego, abandono o enajenación

Menor interés en actividades de las cuales antes se disfrutaba

Incapacidad de concentrarse o recordar detalles

Estado de alerta excesivo

Temor a estar solo

Por favor, busque ayuda si está experimentando uno o más de estos síntomas.

Additional Reading, Resources, and Facts

Additional Reading

Cammarata, D. (2009). *Someone I Love Died by Suicide: A Story for Child Survivors and Those Who Care for Them.* Jupiter, FL: Limitless Press LLC.

Grippo, D. (2008). *When Mom or Dad Dies: A Book for Comfort for Kids.* St. Meinrad, IN: Abbey Press.

Loewen, N. (2012). *Saying Good-bye to Uncle Joe: What to Expect When Someone You Love Dies.* Mankato, MN: Picture Window Books.

Roberts, D. J. (2016). *What Happens When A Loved One Dies?: Our First Talk About Death.* Victoria, Canada: Orca Book Publishers.

Tangvald, C. H. (2012). *Someone I Love Died.* Colorado Springs, CO: David C Cook.

Zucker, B. (2016). *Something Very Sad Happened: A Toddler's Guide to Understanding Death.* Washington, DC: Magination Press.

Additional Resources

Goldman, L. (2009). *Great Answers to Difficult Questions About Death.* Philadelphia, PA: Jessica Kingsley Publishers.

Philo, J. (2015). *Does My Child Have PTSD?: What to Do When Your Child Is Hurting from the Inside Out.* US: Familius LLC.

PTSD Foundation of America Camp Hope provides hope and healing for the unseen wounds of war.

PTSD Veteran Line: 877-717-7873 (PTSD); info@ptsdusa.org.

TAPS (Tragedy Assistance Program for Survivors): 1-800-959-8277 (TAPS) 24-hour hotline.

VA Suicide Hotline: 1-800-273-8255.

Facts

- Post-traumatic stress disorder (PTSD) is a timeless problem affecting our military veterans in pandemic proportions.
- One in five OIF/OEF (Operation Iraqi Freedom/Operation Enduring Freedom) veterans is diagnosed w/PTSD.
- PTSD is linked to marriage and family problems.
- PTSD is linked to veteran unemployment and homelessness.
- PTSD increases the risk of suicide.
- Twenty veterans/active-duty military take their own lives EVERY DAY.

About the Authors

Sobre los autores

Marcia and Phil LaBossiere live in Washington State in the beautiful Pacific Northwest. They have two sons who both served in the military. Marcia and Phil have endured five deployments between their two boys. One son is forever twenty-six years old, and the other is medically retired and suffers with PTSD, as well as a traumatic brain injury (TBI). Whole families can suffer from PTSD, as well as the veteran.

Marcia y Phil LaBossiere viven en el estado de Washington en el hermoso Noroeste del Pacífico. Tienen dos hijos que prestaron servicio militar. Entre sus dos hijos, Marcia y Phil han sobrevivido cinco despliegues militares. Uno de sus hijos tendrá 26 años por siempre, y el otro está jubilado por razones de salud y sufre de TEPT y también de traumatismo craneoencefálico (TCE). Familias completas pueden sufrir de TEPT, al igual que el excombatiente.

April 13, 1983 - November 1, 2009

13 de abril de 1983-1º de noviembre de 2009